AF349821

1914 Mai 15

217 | Chambre des Commissaires-Priseurs
Envoi à la Bibliothèque Nationale.

SUCCESSION

DE

Madame la Baronne de H***

MEUBLES ET OBJETS D'ART

ANCIENS & MODERNES

BRONZES D'ART

ET D'AMEUBLEMENT

ANCIENNE TAPISSERIE DE BRUXELLES

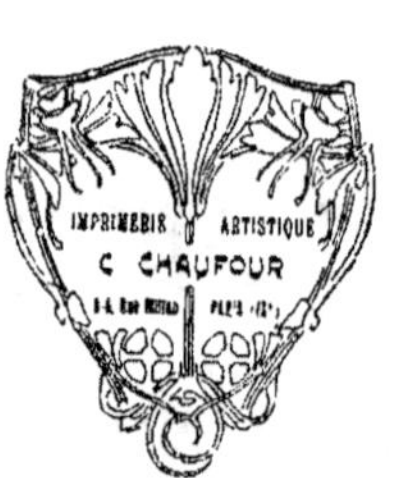
IMPRIMERIE   ARTISTIQUE
C CHAUFOUR

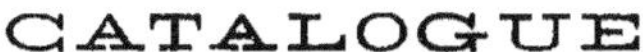

CATALOGUE

DES

MEUBLES & OBJETS D'ART

Anciens et Modernes

Salle à manger laqué blanc, Salon bois doré de SOUBRIER
Commodes Louis XIV et Louis XV, Bureau Louis XIV, Paravents
Bibliothèque, Tables, Cabinets espagnols
Secrétaire, Meuble à hauteur d'appui, Canapé
Fauteuils et Sièges divers, Glaces, Armoire normande

ÆOLIAN ORCHESTRELLE

Tableaux, Porcelaines d'Allemagne, de Chine et du Japon
Faïences italiennes et diverses

BRONZES D'ART & D'AMEUBLEMENT

Belle pendule bronze doré style Louis XV, Appliques, Candélabres
Coupe marbre et bronze, Lustres bronze et cristaux, Chenêts

ANCIENNE TAPISSERIE DE BRUXELLES

Tapisseries modernes d'Aubusson, Tapis, Tentures, Meubles courants
Objets divers

DONT LA VENTE PAR SUITE DE DÉCÈS AURA LIEU

HOTEL DROUOT – SALLE N° 1

Le Vendredi 15 Mai 1914

A 2 HEURES

Me Hippolyte BONDU	M. Emile BERTIER
COMMISSAIRE-PRISEUR	EXPERT
32, Rue Le Peletier, 32	149, Avenue du Maine, 149

CHEZ LESQUELS SE DISTRIBUE LE CATALOGUE

EXPOSITION PUBLIQUE

Le Jeudi 14 Mai 1914, de 1 heure ¼ à 6 heures

CONDITION DE LA VENTE

La vente sera faite au comptant.

Les acquéreurs paieront *dix pour cent* en sus des enchères.

L'exposition mettant le public à même de se rendre compte de l'état et de la nature des objets, il ne sera admis aucune réclamation une fois l'adjudication prononcée.

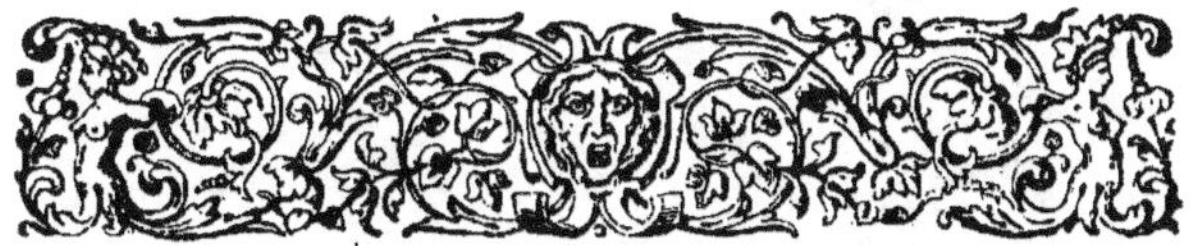

DÉSIGNATION

~~~~~~~~~~~~

TABLEAUX

1 — Paysage signé MUNKACZY.

2 — Tableau : Scène orientale.

3 — Aquarelle : « Paysan romain ». Cadre bois noir
orné de cuivre.

4 — Deux chromos : Vues d'Italie.

5 — Grand cadre doré.

6 — Lot de photographies.
~~~~~~~~~~~~

PORCELAINES, FAIENCES

7 — Quatre plats en cloisonné de la Chine.

8 — Deux coupes en porcelaine d'Imari ornées de bronze.

9 — Paire de potiches porcelaine du Japon, à réserves d'oiseaux, fleurs et feuillages (Socles bois doré).

10 — Deux cachepots décorés d'armoiries et de fleurs (Genre porcelaine des Indes).

11 — Coupe avec couvercle surmonté d'un amour en porcelaine de Saxe, décor de fleurs.

12 — Grand vase couvert porcelaine de Saxe, décor de paysage et cavaliers, monture bronze doré.

13 — Boite porcelaine allemande décor de fleurs.

14 — Surtout en faïence blanche italienne.

15 — Deux vases faïence blanche italienne.

16 — Soupière faïence italienne décorée en bleu.

17 — Deux vases en faïence de Delft, décor bleu.

18 — Coq faïence décorée.

19 — Trois cachepots décors différents.
Seront divisés.

20 — Vase grès flammé.

BRONZES D'ART

& D'AMEUBLEMENT

21 — Grande pendule en bronze doré, style Louis XV, représentant « L'Enlèvement d'Europe », cadran signé BALTHASAR, à Paris. Socle bois doré.

22 — Pendule et deux petits candélabres bronze doré.

23 — Garniture de cheminée composée d'une pendule et candélabres bronze doré, style Louis XVI, sur socle marbre bleu turquin.

24 — Candélabre hollandais à trois lumières.

25 — Lampe de parquet tablette en onyx.

26 — Coupe en marbre rouge ornée de rinceaux, anses têtes de bacchants et base bronze doré. Socle bois doré.

27 — Deux lampes bronze à l'électricité montées sur vases cloisonnés de Chine.

28 — Suspension de salle à manger en cuivre poli, à l'électricité.

29 — Deux lampes à l'électricité avec leurs pieds en bronze.

3o — Deux appliques à trois lumières, style Louis XVI, en bronze doré.

3i — Quatre appliques bois noir supportées par des amours en bronze.

32 — Galerie de foyer bronze, style Louis XVI.

33 — Lustre bronze à rangs de perles en cristaux. A l'électricité.

34 — Deux chenêts en bronze : Amours musiciens. Style Louis XV.

35 — Lustre bronze orné de cristaux. Style Louis XV. A l'électricité.

36 — Jardinière en cristal ornée de bronzes Style chinois.

37 — Deux devants de feu en cuivre

MEUBLES

38 — Meuble de salon de style Louis XVI composé d'un canapé et quatre fauteuils en bois sculpté et doré garni de soierie à fond rose, décorée de guirlandes de fleurs. Maison SOUBRIER.

39 — Commode Louis XIV en bois de violette ornée de bronzes.

40 — Salle à manger en bois sculpté et laqué blanc de style Louis XV composée d'un buffet-vitrine à deux corps, une table et un dressoir.

41 — Table-bureau bois noir à filets cuivre et ornée de bronzes. Epoque Louis XIV.

42 — Paravent en bois sculpté et doré à trois feuilles garnies de taffetas à fleurs.

43 — Meuble de salon composé d'un canapé, deux fauteuils et deux chaises en noyer de style Louis XIII, garnis de peluche.

44 — Glace cadre en chêne sculpté.

45 — Paravent à quatre feuilles en velours et étoffe brodée.

46 — Aeolian-orchestrelle et son banc, avec soixante-dix rouleaux.

47 — Bibliothèque acajou et cuivre. Style Louis XVI.

48 — Table pieds tors avec dessus glace.

49 — Petit cabinet espagnol bois noir orné de plaques ivoire.

5o — Secrétaire palissandre orné de marqueterie.

51 — Meuble à hauteur d'appui, marqueterie, genre Boulle, dessus marbre.

52 — Petite bibliothèque marqueterie, genre Boulle.

53 — Bureau de dame en marqueterie, genre Boulle.

54 — Canapé peluche à fleurettes rouges.

55 — Commode Louis XV, à quatre tiroirs ornés de bronzes, dessus marbre rouge.

56 — Cabinet espagnol avec applications d'ivoire gravé.
Epoque Louis XIII, table-support.

57 — Paravent étoffe brochée bleue.

58 — Fauteuil de style Renaissance en bois sculpté.

59 — Table-bureau, style Louis XIV en chêne.

60 — Deux glaces médaillons, cadres dorés.

61 — Canapé garni étoffe velours.

62 — Armoire normande en noyer sculpté et mouluré.

63 — Canapé couvert en peluche verte.

64 — Bureau-vitrine, bois noir incrusté d'ivoire gravé.

65 — Support bois noir. Style chinois.

66 — Glace cadre cuivre repoussé.

67 — Glace cadre en bois sculpté.

68 — Table à ouvrage palissandre et marqueterie.

69 — Grande toilette laquée blanc, dessus marbre blanc.

70 — Lit laqué blanc, de style Louis XVI, et sa literie.

71 — Support laqué.

72 — Deux fauteuils crapaud couverts velours.

73 — Trois toilettes bois laqué.
Sera divisé.

74 — Deux chaises de style Louis XIII, cuir repoussé.

75 — Coffre à bois en bois sculpté.

76 — Vide-poche bois laqué.

77 — Table pliante bambou.

78 — Métier en palissandre.

79 — Table-gigogne, quatre pièces.

80 — Divan et deux coussins velours.

81 — Table à thé en palissandre.

82 — Dressoir bois noir.

83 — Machine à coudre Singer.

84 — Glacière.

TAPISSERIES, TAPIS, TENTURES

85 — Tapisserie de Bruxelles, représentant « L'Histoire
d'Ulysse », bordure ornée de figures et feuilles
d'acanthe, XVIIᵉ siècle.

Haut. : 3ᵐ25 ; Larg. : 4ᵐ60.

86 — Deux portières en tapisserie moderne d'Aubusson,
décor de fleurs.

87 — Tapis de galerie fond rouge, bordure à fleurs et
feuillage.

88 — Grand tapis fond rose et dessins bleus.

89 — Portière velours.

90 — Tapis en poil de chèvre.

91 — Ecran en forme de vase, étoffe brodée.

92 — Un lot de coussins.
Sera divisé.

93 — Lot de tapis et rideaux.
Sera divisé.

OBJETS DIVERS

94 — Deux plats cuivre repoussé.

95 — Lit de fer, sommier, literie, etc.
>   Sera divisé.

96 — Lampe de bureau.

97 — Tables de cuisine, sièges, buffets bois blanc.

98 — Ustensiles de cuisine.
>   Sera divisé.

99 — Sous ce numéro, seront vendus les meubles et objets courants.
>   Sera divisé.

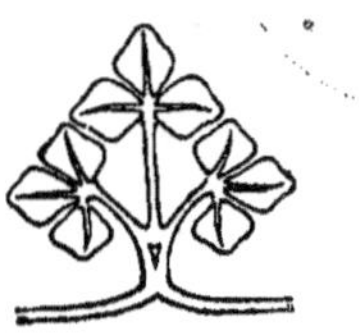

www.ingramcontent.com/pod-product-compliance
Lightning Source LLC
LaVergne TN
LVHW011028180726
843502LV00007B/2794